LAND UNTER

Lyrik von Rainer Beinlich

Rainer Beinlich

1950 geboren, absolviert er nach der Schulzeit eine Lehre als Starkstromelektriker. Beeinflusst durch soziales und politisches Engagement macht er Abitur auf dem Zweiten Bildungsweg, danach studierte er Kunstpädagogik. Gleichzeitig entstehen erste Ölgemälde, die sich in naturalistischer Darstellung mit den Problemen zwischenmenschlicher Beziehungen befassen. Es folgen mehrere Ausstellungen, sowohl allein als auch mit der „KunstKooperative Braunschweig". Parallel begann Rainer Beinlich seine Gedanken in Notizbüchern festzuhalten. Stets trägt er ein solches Buch bei sich, um Texte zu täglichen Begebenheiten und Gedanken zu notieren.

Ein Gedichteschreiber bedenkt die Affekte, sinnt Enden zu verknüpfen.
Ein Gedankenaufschreiber ist er, ein Schneider, ein Weber.
Ich denke, so bin ich und fühle und lebe.
Doch fürchte ich häufig das Meer, wenn es grollend meine Hallig umbrandet.
Noch *flüstert* der Dichter nur: „Land unter!" – so bremst sich die Euphorie.

So schreibe ich über Liebe, Sehnsucht und Einsamkeit. Wie es sich anfühlt.
Die Bühne des Lebens sind die Bretter, auf denen der Lyriker die Vorhänge lüftet und Bilder der Gedanken entwirft.

Hannelore Terkowsky

- geb. in Hirschberg,
- Studium der Freien Kunst an der Hochschule
  für Bildende Künste in Braunschweig,
- Mitglied im Bund bildender Künstler u. Künstlerinnen
  in Braunschweig,
- Einzelausstellungen und Beteiligung an Gemeinschaftsausstellungen
- lebt in Braunschweig

LAND UNTER

Lyrik von Rainer Beinlich

Bilder
und
Illustrationen

Hannelore Terkowsky

Bibliografische Information Der Deutschen Bibliothek:
Die Deutsche Bibliothek verzeichnet diese Publikation in der
Deutschen Nationalbibliografie; detaillierte bibliografische Daten
sind im Internet über < http://dnb.ddb.de > abrufbar.

© März 2009 — Rainer Beinlich, Braunschweig
http://www.lyriker.com
Herstellung und Verlag: Books on Demand GmbH, Norderstedt
Gestaltung, Satz und Layout: Rainer Beinlich, Braunschweig

ISBN 978-3-8370-4845-2

für Stefanie

Blumentanz

So seh ich Blumen,
mittendrin
ein Luftgeschöpf,
sich schwebend dreh'n
zum Tanze.
Leise spielt Musik,
Wiesenkonzert
und Vögel tirilieren.
Doch unerreichbar
fern bist du,
nicht von dieser Welt.
Auch der Anblick
ist nur kurz.
Schon verdecken
graue Schwaden
die Sicht.
Schließ ich jedoch
die Augen,
so seh ich dich.

Hinter dem Berge,
da liegt ein Land,
von Flüssen
kreuz und quer durchzogen.
Dorthin geht mein Streben.
Ins Heimatland von mir,
tief in meinem Sehnen.

Hinter dem Berge,
dort fänd ich es,
was ich
ein Leben lang gesucht.
Die Wässer reißend
trennten mich
von anderen Ufern.
Wo Fluss und Berg
schier unüberwindlich sind.

Ein Heimatland,
zu Hause,
ein Dach,
ein warmer Ofen,
das Bett zum Ruhen
und du,
als Vestalin,
als Hüterin
von Heim und Feuer;
meiner Seel.

Der Wunsch nach Flügeln
wird nicht erfüllt,
so bleibt auch
die Entfernung –
es sei, du gehst.
Ich gehe.
Über'm Berge
liegt das Land,
dass meine Sehnsucht hat.

Hinter der steinernen Größe
suche ich Hoffnung,
Glück.

Fortsetzung nächste Seite

Weit, weit weg.
Und täglich
stille Übung
gibt mir die Kräfte,
irgendwann
im Land
der Suche anzulangen.

Die Flüsse tosen,
der Berg ist hochgetürmt,
die Ufer nicht zu überwinden –
doch ich will dorthin!

Du zogst in eine fremde Stadt,
du gingst mir aus dem Sinn.
Früher wär dein Bild verblichen,
Stück für Stück verlöscht;
doch heute schreibst du
dich stündlich in mich zurück.
Geliebte, deine SMS
erhält die Imagination
an dich in mir lebendig.
Auch meiner neuen Freundin
macht es nichts aus.
Im Gegenteil, sie findet's nett,
so sind wir doch zu dritt im Bett.
Tipp du nur weiter tausend Schwüre,
während ich der Geliebten Hand erspüre.

Niemand liebt dich!
Sei froh,
dann ist es wenigstens einer.

Berührt mich die Hand
spür ich kein Vergessen.
Warm die Erinnerung,
blutig durchfließt sie mich.

Ich kannte dich.
Mein Vertrauen begraben,
schürfe ich tief,
der Bilder wegen.

Die Hand auf meinem Arm
verzögert seine Bewegung,
erschwert den Schwung,
verhindert sein Eigen.

Waren wir nicht zusammen,
bevor deine Hand
meinen Elan abtropfen ließ;
in einem anderen Leben?

Doch wohliger Schauer,
ob des Erinnerns.
Die Nähe, so war es einst,
als ich noch warm und Du.

Oh, Liebe,
eine Erinnerung
an die Zeit
vor tausend und einer Nacht.
Als ich deine frostigen Hände wärmte,
dein kühler Atem
meinen Nacken streifte.
Ach, Erinnerung.
Zertreten, die Kanten,
die Wege, die Ziele,
die optischen Achsen
der Blicke im Park,
der Schönheit und Zueignung.
Jede Nacht,
als die Gehölze der Verstellung,
die Sicht mehr und mehr verengten,
sah ich die Zeiger der Uhr,
die Sekunden verrinnen.
Unsere Liebe,
wich aus dem Lebenswetter
in eine Tag-Nachtgleiche.
„Guten Tag" in der Nacht
und bei Tage.
In dem tausend Erinnern,
schwand das Gefühl –
Kalt – Heiß,
Hell – Dunkel.
Gegen den Willen,
fraß die Zeit
die Wurzeln weg,
die unsere Existenz
in der Vergangenheit hielten.
Zwischen den Nebelwelten
stochert das Leben
nach einem Gegenpol.
Wahrnehmen, erinnern.
Ein falscher Film
verlangt nach einem Ende.

Auf meinen Händen
trug ich dich.
Vor fremden Augen
belud ich dich
mit meinem Schmerz.
Frei, wie ich war.

Deine Qual
war keine Wahl
für mich.
Zwanzigtausend
Jahre wusste ich nichts
über dich.

Du bist verletzlich,
ich tue weh.
Deine Wünsche
kenne ich nicht.
Galaxien erklärbar,
das Liebste noch nicht.

Ich sehnte die Weiten,
schmelzten
den Abstand so nah,
auf Armeslänge,
dich zu berühren, erspüren
und kennen zu können.

Ich treffe einen Fremden,
Wegbegleiter auf Zeit.
Gebe mich hin und her.
Gebe mich auf,
um hinein zu schlüpfen
in den Vertrauten.
Schartig die Kanten,
Netz seidig, behutsam,
weich – reißen.
Innen ist Sturm.
Du meine Güte,
Fremder,
ich erkenne dich.

Ich spiele das Spiel
der Häscher.
Hasch mich,
ich fange dich.
Ich suche dein
ganzes Herz.
Je näher du kommst,
desto weiter jedoch
entfernst du dich.
Meine Hand
könnte dich fassen,
meine Worte
könntest du hören,
meinen Atem du spüren.
Und doch,
anstelle des Fangens
lass ich dich los,
die Ansprache
denke ich bloß,
in deiner Nähe
erstirbt mir die Stimme.
Der Fänger sammelt
die Kraft
für den weiten Weg
zurück,
auf größte Entfernung –
Und nah
wollt ich dir sein.

Flusslandschaft   Öl auf Leinwand

Ein Wort von dir,
ich lächele.
Ein Lächeln von mir
und die
Flut von Worten
deckt mich zu.
Ich schenk sie dir,
als Strauß.
Liebling,
deine Blumen,
deine Blüten,
ungebunden virtuos.
So bindest du
mein Lächeln
und deine Worte
zum Bouquet.
Niemals
kann ich fliehen.
Wenn ich dann geh,
selbst bei
geschlossenen Lidern,
seh ich nur Blumenmeer
und höre
deine Schwüre.

Ich hör mich nicht
mehr gehen,
ich seh mich nicht
allein im Spiegel,
ich schlafe schon
im Stehen.
Zauberworte,
säuselst du.
Ich halt sie fest,
ich will,
ich will.
Ich lächele.

Grüß Gott
an diesen schwarzen Tagen,
wo selbst die Arme
tonnenschwer,
geschweige denn der Kopf.

Verkrampfter Rücken,
mühevolles Aufrechtgehen,
sorgend tief gebuckelt
und Fuß vor Fuß
kann ich mich schlurfen sehen.

Ob heller Sonnenschein,
durch diese tiefen Brauen
kommt kaum Licht herein.
Mit weißem Stock voraus,
sucht ich mir meine Wege.

Die Arme ausgebreitet,
als Hilfeangebot,
so bietest du dich,
zur Linderung der Not,
mir selbstlos an.

Schemenhaft, so seh ich dich
und schlage Haken
um dich herum.
Mein Blindenstock ertastet Wege,
die du nicht kennst.

An diesen schwarzen Tagen
sind es die Fragen,
auf die ich keine Antwort weiß,
die meine Sicht verstellen.
Und trostlos ist das Licht.

Dein Blick verfolgt
den Abgewandten
voll Mitgefühl.
Sein Rücken sprich und sagt,
„Ich will nicht Dich!"

Fortsetzung nächste Seite

Grüß Gott,
die Arme tonnenschwer.
Der Kopf fällt,
wird ein Ja genickt
von seiner Seele ab.

Gegrüßt sind all die Fremden,
die mir aus dem Wege gehen.
Ein Blick erhascht die Minen –
für ein ganzes Leben,
mehr als genug.

Ich schreie nicht
nach deinen Armen.
Ich sehne mich
nach Nähe.
So fern, so fern.

An solchen schwarzen Tagen,
zerreißen Wolken Welten.
Ein Hünengrab aus Fragen.
Gewichtig.
Hast du gelebt?

Oh Licht, oh Luft, oh Liebe.
An manchem schwarzen Tage
geholfen.
Allein die süßen Triebe…

machen mich kopflos,
entziehen den Grund unter den Füßen,
gaukeln, imaginieren,
hinterlassen Lücken,
einen schalen Beigeschmack.
Im Widerspruch,
im Verlorengehen
entstehen schwarze Tage.
Was fehlt denn dir,
mein Schatz?

Feine Düfte,
das Parfüm des Lebens.
Feine Perlen
auf der Haut
mit der Frische deiner.
Parfümiert,
erahne ich dich blind.

Mit fest geschlossenen Augen,
erschaffst du dich
aus Abstand.
Bevor Wärme,
bevor Berührung
mich erreicht,
vor deinen Worten,
erkennt mein Sinn
den Duft,
der dir gehört.

Mit offenem Mund
atme ich dich ein.
Nur Moleküle.
Doch ganz und gar
Dein.

Ich schau dir in die Augen,
es sind Sterne drin.
Voll Zuversicht, voll Wärme
schaust du zurück.
Ich schau dir in die Augen
und hinter dir erwacht die Welt.
So durch und durch geschaut
erahne ich die Lust,
weit außer dir.
Nun red' du schon
und sage mir,
was du gesehen hast.
Ach Liebste, deine Augen,
die sind ein Fenster
für die Welt,
nach außen
oder auch nach innen.
Doch leider, leider, leider
hab ich nun keine Zeit,
durch deine Sicht mein Leben
leben;
mich ruft jetzt laut die Welt.

Ich will dich nicht berühren,
will dich erspüren,
die Aura, dieser Schutz um dich,
wie Stacheldraht, Elektrozaun.
Beängstigend sind Balustraden
und die Verteidigung.
Ich wünsche deine Nähe,
doch trau ich nicht, auch eingeladen
in deinem Haus so frei zu sein.
Zur Abwehr keine Hand erhoben,
komm näher her mein Schatz.
Ich hör Sirenen singen,
auf meiner Odyssee zu dir
und eingesponnen, bewegungslos
lass ich es zu, dass du
in meinen Geist eindringst.
Vergebens die Befreiungssuche,
verlorene Herrschaft über mich.
Mit Haut und Haar verfallen,
mit Mann und Maus
vorm Untergang, zerschellt
in den Gestaden –
gefangen auf der Suche nach dir,
verlor ich mich.
Ich will dich nicht berühren,
will dich erspüren.
Wollt Herr meiner selbst,
entscheidungsfrei in deiner Nähe,
glücklich und zufrieden sein.
Doch nun fehlt Kraft und Luft
schwimmend das Ufer zu erreichen.
Ich lasse los und zelebriere
die Gefangenschaft.
Mit Ketten an den Händen,
ein Schoßhund, dir zu Füßen,
befreit vom eigenen Wunsche,
dir nah zu sein.
Befangen fehlen mir die Worte,
mein Schatz, Besiegerin;
es gilt dein Wille!

Wieso sollte ich
mit einem Fremden gehen.
Wieso sollte ich
die ausgestreckte Hand ergreifen,
die mehr versprach,
als einzuhalten
möglich war.
Guten Tag, mein Freund.
Die Illusionen kommen
und verrauchen.
Aus Fremdem, Freund,
kurz und vergangen.
Erst klare Sicht,
verhangen dann.
Befremdend.
Grüß Gott, ein Unbekannter,
vergessen.
Stolpernd wird
aus rosa rot
und alle Farben
wechseln.
Aus heiß wird kalt,
aus Sonnenschein,
der Regen
und Nähe
verkehrt unendlich weit.
Der Fremde
eine Eskapade,
der Freund ein Intermezzo.
Kein Bonbon, kein Geschenk
kann mich verzaubern.
Ich lehn es ab –
geh nicht
mit fremden Leuten!

Ich bin bereit zu lieben
und sage, liebe mich.
Ich sage ja
und liebe mich.
In Wirklichkeit
ist diese Liebe
ausschließlich Wichtigkeit,
die ich mir zoll.

Ich bin bereit zu lieben,
auch dich, zu jeder Zeit,
wenn nur nicht
meine Liebe wär,
die schon vergeben,
wie Pech am Körper
haftet mir
und kann sie niemals leben.

Ich bin bereit zu lieben,
mein Kopf ist frei dafür.
Mein Körper wehret
mit aller Kraft
das Sinnvergnügen ab.
Hautreaktionen fügen
mir Schmerzen zu,
doch könnte ich dich lieben, Du.

Das Strahlen deiner Augen
lässt mich dein Herz erschauen.
Klar, rein und wahrhaftig
spiegelt sich dein Ich.
Ein jeder Strahl ersticht
je eine Lüge dieser Welt.
Es leuchtet gleißend dir
um deinen Kopf ein Glorienschein;
die alte Welt erstirbt,
die neue schreit nach Recht,
Gerechtigkeit für alle.
Nun strahlen diese Augen,
die Schwestern, Brüder deiner –
und es wird gut.

Berühr mich,
fühl mich,
sage gutes von mir.
Gib meinem Leben
einen Sinn.
Luft erfriert mich,
Sehen macht blind.
Ich höre das Wachsen von Gras.
Streichle ich dich,
reiß ich mir Späne
und steche das Herz.
Berühr mich,
dass meine Sinne
beruhigt sind,
dass ich mich fühle,
das Sehen, Riechen,
Hören sich erinnert,
die Haut sich spannt,
die Trommelfelle schwingen,
die Augen
zu strahlen beginnen.
Gib meinem Leben
neue Sinne.

Das Gras zu grün,
zu hoch, zu rund.
Die Sonne heiß,
der Schweiß zu nass.
Der Weg steinig
und zu lang.
Geschichten alt,
zu bunt, zu schön,
allzu sehr erfunden.
Die Wirklichkeit
ist flach,
grau der Augenschein;
doch Gras wird grün
durch dich.

Ich fasse es nicht,
in dieser Nacht,
mit dem stürmenden Wind
um das Haus,
ohne dich, allein
in meinem Bett zu sein.
Wo hab ich dich
in der vergangenen Zeit
verloren?
An welchem Ort?
So gräm ich mich
und zieh die Decke
über den Kopf,
um dem Unheil zu entgehen.
Wohlige Schauer,
keine Angst vor Verlusten,
so lullt es mich ein.
Nach Stunden weckt mich
das Leben,
gewaltsam
fordert der Körper
Atemluft an.
Viele tiefe Züge
weiter das Leben.
Auch allein muss ich atmen.
Diese Willkür rettet
das Weiterleben.

Eiszeit Öl auf Leinwand

Land unter
Schwarzrotgold,
Land unterm Meer,
die Warft
zum Schutz für Leben.
Im Ijsselmeer
säuft niemand mehr
das Salz der See.
Nur betrunken,
nur ertrunken,
errettet sich wer kann.
Ein Fahnenmast,
der Nachbar hilft geflissentlich,
wird aufgestellt
zur Warnung,
vor der stürmenden See.
Menschenwerk
ist wager Schutz;
meine Flagge
sagt Land unter,
Illusion
und geh.
Meine Welt
im Herzen
schwenkt weißes Tuch.
Land unter
Fahnen schwarz-rot-gold.
Ein reiches Land,
mit gutem Boden,
mit Kopf und Herz,
verloren
unterm Meer.
Fahnenmeer.

Ich weiß nichts

Du kanntest es nicht anders.
Sie hatten dich gedrillt.
Dein Volk hatte zugelassen,
dass sie deinen
aufrechten Gang operierten.

Die Zeit,
sagten wir später;
doch er sagte nichts,
Jahrzehnte.
Wir wussten, schweigen
war falsch
und schrieen rhythmisch
den Namen des Führers –
der Vietkong:
„Ho, Ho, Ho-Chi-Min"
und es klang,
als wollten wir die Stille
in Ekstase versetzen.

Hundert Jahre geschwiegen,
bis zum Untergang.
Gut gefühlt, ja.
Welch ein Schrei,
welche Befreiung?
Alles wurde leicht,
„Nein" sagbar.
Ich verweigerte mich
beim Haarschneiden,
der Wiederbewaffnung.
Der Bart wuchs
und die Bartwickelmaschine
im Keller,
von der du manchmal erzähltest,
nahm langsam
ihren versiegten Lauf auf.
Ich wollte „Marx"
nicht auswendig lernen.
„Rote Bibeln" nach schwarzen –
Nein.

Fortsetzung nächste Seite

Also doch das Messer
auf die rechte Seite
und die Gabel links.
„Bitte eine Serviette!"
Wenigstens gut leben
nach dem Darben.
Oh, ja,
manche verschwanden,
manche blieben,
manche gingen in sich.
Vater, brich dein Schweigen,
du könntest aufzeigen,
mit deinen Erfahrungen
Fehlwege benennen –
doch zogst du es vor
zu sterben!

Vom Auto der Wimpel oder das Halbfinale

Am Straßenrand tot,
gleich wie
ein übergefahrener Igel,
lag die zerknüllte Fahne.
Ich brach
in schwarze Tränen
aus der Traum
vom Glück.

Naturgewalten
hatten sie geholt,
in ihren Jugendjahren,
den Kindertagen
gerad entwachsen,
am Höhepunkt,
wo Freude sich
zu höchster Form aufschwang.

Die Fahne,
die vereinte, ich weinte.
Die Fahne,
die verloren, am Wegrand lag,
bevor ein neuer Fahnenträger
ward geboren.

So bremste ich vor Gram,
da die Fahne mich brauchte
und ich schnell zum Stehen kam.

Sorgsam barg ich den Rest.
Im Museum der Freiheit,
neben dem „Hambacher Fest",
hängt sie
als Zeichen für's Jetzt.
Mit ihr getanzt, gerufen,
geschrien und gewunken,
gingen wir trunken zum Sieg.

Ein Stoßgebet zum Himmel,
die Augen zu und durch.
Im Meer der Fahnen freigeschwommen,
die Arme hoch – Tooor.

Das Spiel, es hatte viele Sieger,
die Tugend war's, die ich verlor.
Diese Stoßrichtung ist mir nicht lieber.
Meine Gebete zielten auf andere Dinge,
die ich mit Crescendo vorher sänge.

Fremder, du
im eigenen Land.
Du sprichst ihre Sprache,
geboren bist du hier.
Die Denker kennst du,
die Dichter zitierst du.
Recht, Freiheit und Liebe,
du weißt was du willst –
denn du bist ein Fremder
in deinem Land.

Du, mein Nachbar und ich

Es ist doch alles Spaß,
es geht zu Herzen
und sagt, wir sind vereint.
Niemand trennt uns mehr
in diesem Leben.
Rosarote Nashörner
sind wunderschön zu schauen,
auf den Brettern,
die die Welt bedeuten.
Wir heben unsere Arme,
zum Jubeln schreien wir,
berühren einander
ohne Furcht, mit feuchtem Blick.
Du, mein Nachbar und ich
sind wir doch voller Glück,
sind wir doch wieder wer
oder werden es noch sein   .
Hinfort sind die Trauer,
die Enttäuschung,
der schleppende Gang,
aufrecht der Kopf,
einen ganzen Monat lang.
Die Wirtschaft boomt,
die Menschen kaufen wieder
ein Fähnchen, das Basisgerät,
damit es endlich aufwärts geht.
Und mein Nachbar
hakt mich fröhlich ein,
so schön kann das Leben sein.
Niemals dürfte diese Zeit vergehen,
wo wir so schwarz-rot-gülden
in eine freudvolle Zukunft sehen.

Kein schöner Land hier
in dieser Zeit,
wo bunte Fahnen
den Zweifel verwehen.

Da soll ich halt
zufrieden sein,
dass endlich Wohlfallen
das ewige Murren hat verdrängt.

Oh ja, du schönes Land,
dein Wald so grün
erstickt die Schreie
und deine Luft ist gut.

Mein liebes Land,
die bunten Fahnen
ersticken nicht,
doch sie erschrecken mich.

Nur im Traum
ist diese Angst
leibhaftig, riesengroß
und wellenhaft.

Dann steht das Wasser
mir am Hals,
zum Atmen schon zu kurz
und fliegen kann ich nicht.

Oh, schönes Land,
du hast mehr Farben.
Vielfalt und bunt –
ein Land für alle Fälle.

Ich suche, suche und finde
die Stelle, die Wunde
überall, wo sich Massen verbünden,
wo keine Wahl für andere möglich ist.
Da graust sich das Individuum,
es kräuseln die Haare
des Rüden bei der Begegnung.
Mit Salz, Pfeffer und Finger
markiert er den Punkt,
so dass die Narben erbrechen
und Blut neu erscheint.
Besprechen allein reicht hier nicht,
beschrieben ist es genug;
entweder schließt du die Augen
und verlierst deinen Glauben
oder du nimmst verbliebenen Mut
und schreist deine Wut,
deinen Frust in die Welt.
Aber hüte dich
vor der Körperberührung,
denn die Wunden,
die Narben wandern
zwischen den Körperwelten,
wo nicht die Naturgesetze gelten.

Barfuß auf Steinen,
Handstand am Strand,
Sand in den Haaren,
Heimatland?

Strandburg,
Heimatburg,
ich borg mir
das Leben.

Muschelbewehrt,
Trutzburg
leichthin,
sandbeschwert.

Der Kopf ist frei,
Gedanken gehen fremd,
die Welt ist leicht,
eine Liebelei.

Es flattert
mir die Fahne
voraus.
Ich folge
unauffällig,
denn Donnerhall
verkündet mir
ein Schicksal.
Zuerst marschiert,
zuerst gefallen.
Nasenblut,
wo waren deine Hände?
So schütz' ich
mein Gesicht
vor der Verwunderung,
vor freiem Fall.
Ich will
es nicht verlieren.

Nicht zum Kuscheln
komm ich hier her.
Knallhart
werden die Knochen gebrochen.
Die wenigen Wissenden
versammeln sich,
um das tägliche „Tom-Tom"
zu sprechen.
Dabei rufen sie
die Götter an.
Diesen gilt ihr Dank
für die bestehende Weisheit
und ihre Mehrung.
Die Fürsten des Wahren
heben und senken
die Häupter und Arme
rhythmisch.
Die Gesten verstärken
die Gewichtung der Worte,
das Murmeln ist Chor.
Zuletzt legen sie die Hände
auf die Schultern
der Nebenleute.
Stampfend beginnen sie
den schwingenden Rundtanz.
Wie von Sinnen verstärkt
sich das Brummen
und der Boden vibriert.
Dann übertönt
ein lauter Ruf das Einerlei.
Voll Inbrunst
kommt er vom ersten,
in Gnade gefallenen Weisen,
dem Lehrer:
Löscht nicht das Licht
in unserer Köpfe Dunkelheit,
lasst Weisheit brennen
und dankt den Göttern,
dass sie uns so klug gemacht.

In meiner Sandburg
am Strand,
verwahre ich mich
vor den Einflüssen.

Ich baue mir Mauern,
schachte Kanäle.
Ich fühle mich
sicher zu Hause.

Ich lasse die Fahne
wehen über der Burg.
Die Farben schreien
nach Familienbanden.

Ich kuschle im Wir,
reibe die Füße
an der Zustimmung
zu Burg, Tuch und Sand.

Vielfach die Formen,
für Gleichgesinnte ein Zeichen,
die Farbe, das Wappen –
eine deutsche Burg, ist eine!

Ausgegrenzt

Ich ziehe einen Kreis um euch
und nenne mich
ausgegrenzt.

Ich spreche nicht mit euch
und nenne mich
stumm.

Ich sehe euch nicht an
und nenne mich
blind.

Ich küsse euch nicht,
ich fasse euch nicht an,
Berührung tut mir weh
und nenne mich
unberührbar.

Meine Kreise,
meine Stummheit,
meine Blindheit,
meine Unberührbarkeit
nehmt ihr dankbar war.

So mach ich mich
zu eurem Schuldigen.
Ich drehe mich
in meinem Kreis.
Und eure Finger
ziehn Spiralen.

Tanz Bärchen,
Tanz.
Und summ
das Lied dazu.
Nur meide
ihre Köstlichkeiten.

Erosionen

Stück für Stück
bricht weg,
was gestern erst geschaffen ward.
Frisch gekalkte Wände,
übertüncht.

Wind und Wetter,
Sturm und Drang
nach vorne drängen.
Kein Wort mehr,
von der gestrigen Sicht.

Was gestern noch
für gut erachtet,
gilt heute schon nicht mehr.
Als wär es nie
gewesen.

In meinem Stück,
haben all die Lieben
eine Rolle mal gespielt.
Sand und schlechtes Wetter
spülten sie hinfort.

Und plötzlich brechen Stücke
aus mir heraus.
Verloren sind die festen Teile,
die einstens mich gestärkt
in meinem Anderssein.

Es schleift die Welt
die Kanten rund,
doch wenn die Kanten nicht
mehr Kanten sind,
verliert sie ihr Gesicht

Ein Antlitz
muss erkennbar bleiben,
nach Wind und Wettertoben.
Ich weiß sonst nichts,
was mich erinnern könnt.

Die Schiffsplanken
knarren und ächzen
unter den Schritten.
Unruhe
beschleicht den Schreitenden
zunehmend.
Versprochenes Land,
über Tage,
Wochen nichts
als sich ausdehnende Ödnis,
Wasserwüste.
Die Augen gerötet,
sehnsuchtsvolle Ferne,
gleißendes Licht
und die Rundung
der Erde
verhindern die Sicht
auf begehbaren
Untergrund.
So ziehe ich Kreise,
wetze das Holz,
ansichtig des Wegs
auf diesen Planken.
Und drehe mich,
wie ein Kreisel,
murmelnd
den Absprung
zu schaffen.
Störe meine Kreise.

Maar   Öl auf Leinwand

Ich rufe die Welt
um Hilfe an,
Ich schäme mich nicht
meiner Armut.
Ich bettele, ich flehe,
doch die Welt?

Hängt am Tropf
im Krankenbett,
erblindet, ertaubt.
Nur wenigeWohlgesonnene,
kümmern sich
und pflegen den Todkranken.
So ruf ich nun vergebens,
die Scham bestand den Test.
Mein Flehen wirkungslos,
verpufft im unbestimmten Rest.

Auf, das die Welt genese,
dann hülfe sie auch mir.
Milliarden Jahre Heiterkeit,
Glück und Gesundheit,
oh Welt,
das wünsch ich mir.

Von neuem Wissen

Ihr Geister
fasziniertet mich,
so fremd
und unbekannt.

In Kindertagen
gab es keine Fragen,
da man nur fragt,
woran man denkt.

Die Fragen
wurden aufgespart
von Jahr und Tag –
keine Antwort lag zuoberst.

Dann brach
die Welt in Teile
und Zügel halfen nimmermehr
den Frieden zu erhalten.

Gespalten, voller Zweifel,
die Sucht der Suche
und Fragen, nichts als Fragen,
statt Antwort, Klagen.

Schnelle Schlüsse,
kurz geschlossen
reichten hier mitnichten;
Ideen in Stahl gegossen.

So ward aus der Wildheit
der Suche,
der harte Kern der Gedanken,
ohne Zweifel und wanken.

Im Alter dann,
wenn der Stahl geschmolzen,
die Sehnsucht Oberhand gewann,
wurden die Fragen präziser.

Fortsetzung nächste Seite

Die Wahrheit
rückte in ferne Welten,
da mit dem vermehrten Wissen
andere Denkregeln gelten.

Feinste Antworten bewirken
tausend neue Fragen
und mit den alten Tagen
verschwindet die Wahrheit im Nichts.

Langsam versinkt die Sonne
am Himmel hinter der Stadt.
Glutrot erscheint sie,
die Scheibe sendet den letzten Strahl
und die Gemäuer werfen Schatten
länger als bei Tag.
Schleichend die Dämmerung,
ihre dunklen Finger
winden sich stärker
um die sichtbare Welt.
Letzte Kämpfe um Licht,
fern die Sonne von anderen,
uns bleibt das Nichtlicht.
Die Unsichtbarkeit weckt Gelüste,
die Zauberkraft der Dunkelheit:
Man sieht mich, aber nicht!
Unentdeckt, unerkannt
kann ich der sein,
dem mein Innen entspricht.
Im Dunkel die Gedanken,
Gedanken, die dunkel
deine Seele beleuchten,
schwarze Leuchtkraft.
Ich brauche die Nacht,
ich brauche den Tag.

Der Atem des Lebens,
faucht morgens
die Menschen ans Werk.
Manche lächeln,
in Erinnerung an den Traum
vor der Auferstehung.
Manchem steht das Monatsende
ins Gesicht geschrieben.
Morgen gemuffelt,
heißen Kaffee auf die Schnelle.
Lustlos am Montag
gen Freitag geschaut.
Doch die atmende Welt
braucht nicht die Hoffnung,
nur tun und scheffeln,
keine Ruhe, keine Ruhe.
Du sollst auch die Reste
der Freiheit fahren lassen.
Damit Maschinenzeit
die Uhr umrundet,
damit ich mich verkaufen kann,
kaufen kann,
wann immer
mein Chat beendet ist.
Menschennähe,
bei der überforderten Kassiererin;
die läge lieber im Bett
oder bei ihren Kindern.
Der Hauch des Morgen,
sanft tröpfelt der Regen,
Ruhe zwischen eins und zwei,
aber das Wochenende
gehört nur noch dem Traum.

Wir bauen eine Burg,
sprach es zu mir.
In einen Hügel
tief hinein,
mit wunderbaren Gängen,
weit verzweigt.
Geschützt
vor allen Räubern,
gewärmt
von der Gemeinsamkeit
und so viele an der Zahl,
dass uns der Tod
nicht löschen kann.
So sei es denn,
war meine Antwort.
Ich suche die Wärme,
suche die Vielen,
suche eine Burg,
vor allem Unbill
gut beschirmt –
so bin ich euer Mensch.
Es sei,
sprach nun das Nagetier,
dann folge mir
in meinen Hügel.

Wohin gehst du, Liebling?
Einen Schatz graben!
Unter den Haufen
des Geldes,
das wie Laub
den Boden der Erkenntnis
bedeckt.
Unter dem Heu
die Nadel gesucht.
Hohles Stroh
gedroschen
und Mehl gesucht.
Brot gedacht,
Hunger gestillt
an den Gedanken
unter der Erde,
denn über den Wolken
ist der Blick
zu weit,
um einen Punkt zu denken.
Also grub ich mich
zum Mittelpunkt,
wo die Schwere
mich gefangen hielt.
Bis die Sonne
zum „Roten Riesen" schwoll
und alles gleich machte.
Heiße Freiheit,
die Idee im Vorübergehen,
kurz, aber ein Schatz.

Schläfrigkeit,
Abgeschlagenheit am Sonntagmorgen,
Reste von Wein und Bier
im Blut
und der Atem verrät
unversehens das Essen von gestern.
Der Kater schleicht
durch die Wohnung;
manchmal fahren
aus samtenen Pfoten
scharfe Krallen aus –
Körperverletzung.

Offene Grenzen,
doch die Herzen sind zu.
Haben möchte ich,
was du hast.
Geben möchte ich,
was ich entbehren kann.
Wenig genug.
Offene Grenzen
für Körperaustausch –
doch meine Gedanken
bleiben hier.
Ich spreche
nicht deine Sprache.
Du, die meine nicht.
So lächeln wir,
besser,
als Köpfe zu spalten.
Gedanken an Schranken,
Gedanken begrenzt.
Territorien abgezirkelt,
mein Körperland,
mein Geistesland,
unschlagbar die Grenzen.
Annäherungen kontrolliert
wachst du.
Schlafe nicht,
dein Geist lässt zu,
was zu bereuen
noch zu früh.
Infiltration.
Grenzgänger.

Bekleckerte Wäsche
zur Taufe, aufgenommen.
Der schwitzende Weihbischof
selbst,
keine Gelegenheit auslassend,
spritzte
das geweihte Wasser
unwillig über den Säugling.
Ja, schrei du nur,
auch ich war klein
und mein Gewand
war rein
von Sünde –
nun steht das Wasser
auf der Stirn,
die Angst steht mir am Hals –
das Ende
im Visier.
Windeln werden größer,
bekleckertes Sein,
wasch mich rein;
kauf mich frei,
sündenfrei
für ein langes Leben
nach dem Tod.

Euphorie

Euphorie zwischen den Mühlsteinen
der täglichen Betrachtung.
Klägliche Reste,
aufgekehrt, getrocknet,
für das Poesiealbum bereitet.
So stellt sich die Welt
mir vor.
Ein Ideal, ein Optimum.

Was all die Fallen sollen,
in die das Leben tappt,
ich weiß es nicht.
Selbst meine Nachbarn wundern
sich, ob soviel Ecken.
Die Welt ist rund,
ihr Standpunkt ist platt.
Das war das Leben,
bevor es mich besiegte;
Schachmatt.

Ausgestreckt, im Kopf Schwere,
es wiegt das Haupt
mit angespannter Kraft
ein Nein, ein Ja zurecht.
Der Welten Wandel,
beschwingt die Seele,
wie ein Los, verschieden.
Gut gewählt oder auch Niete;
Euphorie weicht Sachlichkeit.

Wie schafft man es sich
klein, nicht groß zu machen,
bescheiden, nicht Großkotz,
zurückhaltend, nicht vordergründig,
anerkennend, selbstlos,
ohne sich loszulassen,
sich aufzugeben,
das Selbst,
ja, das Ich zu verlieren.
Woher weiß das Atom
von seiner Macht
über das Molekül?
Wieso bleibst du am Leben,
obwohl du dich in den Schatten stellst;
der anderen,
in einer Welt der Stärke?
Wieso bricht deine Schwäche
Dämme?
Sind sie Dämme schwach?
Ist deine Schwäche, vermeindlich?
Ist Schwäche stärker
als Kraft geprotzt?
Ist Schwäche Stärke?
Stärkt das Bewusstsein
von Schwäche dich?
Ist die Kraft innen?
Wie Gravitation?
Schwach ist ein Planet
gegen den Geist
des Menschen, ins besonders.
Jedoch besinnt er sich…
Versetzen wir schon Berge,
so lacht der Wandelstern
und lässt Propheten,
Propheten sein.
Da spannt der Mensch
die Muskeln.
Ich fürchte dich nicht
so sehr, wie meinesgleichen,
Körperkraft hin,
Planetenkraft her.
Und auf den Kopf

Fortsetzung nächste Seite

gefallen,
sprühen Funken
der Ideen.
Ich starker Mensch
im Feuer
bin am Vergehen.
Mit Leichtigkeit
der Schwache ficht
die Stärke an
durch seinen
kleinen Widerstand.

Ein Prinz,
glänzend gerüstet,
der Purpur
umgibt die Gestalt.
Strahlender Held,
tadelloser.
Geblendet die Welt
durch meine Sicht.
Dein Antlitz
lädt zum Vertrauen
die Fremden ein.
Dein Harnisch gebürstet,
die Hellebarde.
Dem Neuen
leuchtet das Ideal.
Fahl
das Mondlicht
fällt auf den Edlen,
wenn die Kenner
sich ein gesellen.
Die Freunde von gestern,
die Wissenden,
voll verlorenem Wohlwollens.
Kein Strahlen,
der Widerschein matt.
Sie alle kannten ihn,
obsiegte die Nacht.
Klein hielten die ihn,
der tageweise ihr Führer,
bis die Risse sichtbar
in der Außenhaut,
die Panzer platzen ließen.
Heraus schaute ein Mensch,
vergleichbar mit uns
und der strahlende
Held verging
am Tage für die Alten.
Nur des Nachts
erinnern sie gern
an uralte Zeiten.

Fremde Gegend　　　　Öl auf Leinwand

Vergnüglich
schau ich zu den Wolken,
beharrlich
strebt der Blick
zur Schwärze hin,
bizarr geformt
die Luftgeschöpfe.
So warte ich
auf ihren Kraftausbruch,
auf Blitz und Donner,
Regen.
Die Urgewalten
will ich spüren;
das Licht, das Feuer macht,
den Krach, das Toben,
wenn Wasserflut
als Wolkenbruch
durch Schleusentore rauscht.
Die Elemente
brechen aus des Menschen Rahmen
und zeigen ihm,
wie klein
sein Wille ist,
sein Unvermögen.
Nach oben
strebt der Blick
und Achtung vor der Höhe
beschleicht mich stumm.
Steh ich starr
mit offenem Munde,
schau staunend auf die Wunder,
so ich behütet bin.

Ich kenn dich doch,
du Kopf,
sah ich nicht heute morgen
erst deinen Schattenriss,
als aufrecht ich
im Bette den Vögeln lauschend,
zum neuen Leben fand.

Schwer neigt er sich,
gefüllt,
Körperteil gewichtig,
braucht es Schultern
zum Tragen, Neigen, Nicken
und gerade gehen
und Schultern brauchen Herz.

Kopf, Schulter, Streben,
schlagt mir
ein Herz in meine Brust,
blutleer mein Kopf,
kein Schattenriss,
kein Morgen mit Gesang –
kein Leben.

Ich bin? Woher? Wohin?
Die Schläfe
pocht mir das Leben;
ich bin, das
Gehen, Stehen, Liegen, Laufen.
Der Kopf, grüß Gott,
markiert die Richtung.

Und wenn der Kopf fällt,
sag ich hoppla.
Gestolpert, zackig.
Wege und Ziele,
die einen rechts, andere links.
Kein Kopf rollt gern
zu weit vom Körper weg.

So will ich jetzt für immer
meinen Kopf und Körper
wie Leib und Leben
zusammenhalten.

Ich hör es gern,
das Lob, die Schmeicheleien.
So wohl es meiner Seele tut,
so sehr vertrag ich's nicht,
wenn jemand anderes
es mitbekommt.
Er soll's schon wissen,
soll meinen Wert bemerken.
Ich zeig ihm dann
meine Bescheidenheit:
„Es war doch nicht
der Rede wert!"
und laufe blutrot an.

Zu wenig Lob,
zu wenig Trost im Leben,
da gibt es kein Vertrauen.
Es könnt gestohlen sein,
es könnt verloren gehen,
gelogen gar.
So suhl ich mich im Stillen –
es ist zu wenig da.

Tagelang die Melodie
in meinem Kopf.
Tagelang nicht getraut,
die Töne laut
zu äußern.
Zwischen Innen hören
und Außen
liegen Traum und Wirklichkeit.
Beim Summen
entstanden Töne,
Rhythmen, Assoziationen,
die eher wohl
als Eigenschöpfung,
fern vom Original,
mich weiter noch entfernten.
Stundenlang,
mit Akribie
sog ich Musikkonserven
und tanzte auch dabei.
Nun hat die Melodie
gewechselt.
Schon am Morgen,
mit Füßen neben dem Bett
hör ich das Lied,
ein anderes zwar.
Gefangen in den Tönen,
ein Ohrwurm gar.
Ich hab die Melodie
geschüttelt und gerührt –
sie hat sich festgebissen.
Doch ab und an
vergessen, losgerissen,
bleibt der Platz nur selten frei.
An alten Pollern
machen neue Noten fest.

Hundemensch,
wohin gehst du?
Mensch Hund,
ich begegne dir
mehrmals
und lächle.
Dein Grund
mag meinen,
wir kreuzen unsere Wege
und gehen
gemeinsam ein Stück.
Wortwechsel
mit Fremden,
nicht außergewöhnlich.
Als Hund
gibt es keine Distanz.
Schwanzwedeln
oder Zähne zeigen,
bleiben
oder flüchten;
schwarz, weiß.
So redet man,
wünscht einen guten Tag
und Weg.
Warum nicht lächeln,
auch ohne Hund.

Es funkelt mir
der Sternenhimmel
Unendlichkeit.
Erreichbar nah jedoch.
So grüße ich
die fernen Welten
mit meinem Namen;
Hochgefühl.

Ich falle in Gedichte,
gewebt in mir
sind sie die Sicherheit
zu meiner Rettung.
Ich denke nicht
ohne Netz und doppelten Boden.
Aber in freie Gedanken
zu fallen,
bedarf es des Mutes.
Ungesichert
einiges aufgebend,
etwas tun,
trotz des Risikos
oder auch deswegen.
Schmerzt es,
den Finger durch die Flamme
zu ziehen –
wie schnell, wie langsam?
Leid als Möglichkeit,
das Leben neu zu lieben,
es wieder zu entdecken.

Als Kind brauch ich
kein Leid,
ich lebe
und lerne den Körper
langsam zu beherrschen.
In der Jugend dann,
bricht unsäglicher Schmerz,
Erkennen
über den linkischen Körper
und beide verschmelzen
zur Seele,
es ward ein Mensch,
bewusst.
Und die Gedichte
künden von Pein
und himmelhohem Glück.

In Liebe gefallen,
verloren.
Gehadert,
das Schicksal verflucht.

Fortsetzung nächste Seite

So verbracht
ich Jahrzehnte.
Unmerklich.
Doch meiner Seel,
als ich den Körper
wieder merkte.
Nicht nur mit Wohlbehagen,
die beginnenden Grenzen
ausloten musste,
da erinnerte
sich die Seele
ihrer Existenz
und Gedichte
kündeten vom Ende.

Plötzlich
tauchen aus Vergangenem
Gesichter auf.
Teils wohlbekannt,
teils halb verschwommen.
Gesichte und Gestalten.
Vor Jahren waren sie
ein Teil
von meinem Leben.
Nun sind es Restbestände,
unvollkommen, schemenhafte
Zombies früh'rer Zeit.
Es tut mir leid,
ihr Lieben –
vergessen will ich
Totgeglaubte.
Ihr streiftet nur
mein Leben.
Kein neues Spiel,
Figuren sind gefallen
und haben
keine Rollen mehr.
Schachmatt.
Gesichter aus dem Dunkel,
so plötzlich angestrahlt,
verbreiten Angst,
zu grell der Widerspruch.

Gemach.

Manche der Gesichter
lächeln,
als gelt es mir.
Reflex
vergang'nen Glücks?
Wo, in welchem Jahr?
Was weiß ich heute?
Es spiegelt sich
Gesicht und ich
auf einen Augenblick,
ob jetzt,
ob gestern,
verwoben sind wir
im Geschick.

Wenn mich mein Gegenüber
imitiert,
wenn ich mein Spiegelbild
erblicke,
gefriert mein Blut.
Errötend ich entrücke
dem zweiten Ich,
das peinlich mich berührt.
Ich möchte nicht
ein fremdes Bild
von meinem Gotte,
noch Fetischzauber
zieht mich an.
Im Spiegel,
dieses gut gemachte
Imitat von mir,
entlockt Bewunderung.
Doch wenn ein Mensch,
wie dieses Gegenüber,
aus Fleisch und Blut,
die Dinge tut,
die ich sonst mache,
dann Schluss damit,
mich gibt's nur einmal.

Geflügelte Worte,
Kolibris der Sprache.
Energiereich
flügge.
Leicht gehen sie
über die Zunge,
zu jeder Tageszeit
parat und passend.
Geistreich
zieht es mich
aus der Affäre,
wie an den Haaren
aus dem Sumpf.
Wenn du die Worte
im Geiste wandern lässt,
dann legen sie
auch Eier,
vermehren sich
und lassen Geister fliegen.
Mit einem Schusse Spiritus
kommt Euphorie dazu,
der Mensch
scheint dann zu schweben,
beflügelt
durch der Worte Macht.

Mach doch,
bewege dich,
reiß auf, reiß auf
der Himmel Tore.
So sommert mich
das Winterlied
und wiegt mich
in der Hoffnung.
Bewege dich
macht jung,
ich lache.
Bewegte Jugend
altert nicht –
doch wird sie alt.
Kalt ist die Welt.
Also reiß ich
an den Toren,
Notausgang
und mische
alt und jung.
Reiß aus
mein Herz
und singe.

Ortsbestimmungen

Orte, Landkartenorte,
treffende Orte,
getroffene Orte;
mit Zeigefinger, Daumen,
mit des Messers Schneide.

Orte der Jugend,
vergessener Kindheit,
verdrängt,
ängstlich ausgewichen
der Dunkelheit.

Orte der Freude,
des Glücks,
der Labsal und Aufrichtung.
Ich traf sie,
vergeben, vergessen.

Ein Glühen erinnert,
ein Glimmen.
Zart die Bilder,
pastos die Farben,
fern jeder Realität.

Orte geordnet nach Zahlen,
Orte als Zeitangabe:
„Weißt du noch?".
Ich zähle sie ab,
Kinderreim.

Im Laufe der Zeit
nimmt der Mensch sich ernster,
wenn er sich ständig wiederholt.
Das ist dann das Leben,
sein eigen,
also muss er es sein.
Wiederholung rammt
ihre Pfähle für Pfade
des Lebens ein.
Das ist es!
Kein Lachen mehr
im Alter,
weil die Wege gespurt.
Gespürt wird der Ernst
der Entscheidung
und die Unmöglichkeit
der Umkehr.

Die weiße Taube
fliegt mir voraus.
Der Geist ein Flügel.
Ich fasse mir ein Herz
und stürze mich
empor mit großer Kraft.
Ein zweiter Flügel
wüchse mir.
Die Seelenruhe
erschafft den Auftrieb –
schweben.
In all dem Hauch,
dem Heben,
erschrickt's mich doch.
Die Spannungen reißen
und Kräfte verschleißen.
Meine Taube, eine Idee,
mein Fliegen;
irdisch die Arme
geschlagen gegen den Wind.
Blei in den Schuhen,
tauch ich ins Sediment.

Blaue Tiefe   Öl auf Leinwand

Ich spreche nicht,
das stand auf jenem Schild
vor meiner Brust
und warf den Schlüssel fort,
der meinen Mund verschlossen hatte.
Schweigend nahm ich nun
am Leben teil,
doch eher wohl daneben.
Um mich herum
die Menschen schwiegen nicht,
ihr Schall war überall,
die Luft bewegte sich
und heiß ging's her.

Nach und nach
erkannte ich sie doch,
die Gesinnungsgenossen,
die Gedankenschweiger,
die Sinnentleerten,
die deren Stimme
das Selbstbewusstsein bediente,
ihre Existenz bestätigte
und ihr physisches Sein
Wirklichkeit werden ließ.
Ich spreche nicht –
ich solidarisiere mich
mit denen die schweigen
und dennoch reden.

Lämmchen komm,
so mag ich dich doch
und verspreche dir
alles im Himmel.

Vertraue mir,
hab ruhig Blut,
in dieser Welt
wird alles gut.

Lämmchen du,
hab keine Angst.
Ich sehe, dass du bangst,
gib Ruh.

Vertrauensvoll
schließ deine Augen,
denn glaube mir,
das Beste nur will ich von dir.

Oh, Schutzbefohlenes,
mein zartes Wesen
krümmt dir kein Haar
und das ist wahr.

Das Lamm, es stand
und starrte.
Mit dem Fuße scharrte
da der Metzger.

Schrill die Stimme,
schrie der Schlachter
in die Stille:
Vertraue mir, sonst gilt mein Wille.

Und mit erhob'nem Fleischermesser
stürzt er auf das Lämmlein los –
Was hat der bloß?
Verdutzt das Lamm, es fragt.

Zur Flucht zu spät,
erlegt der Mensch das Schwache.

Fortsetzung nächste Seite

Was uns der Vers verrät:
besser früher als später – erwache.

Höre nicht auf heil'ge Schwüre,
sondern spüre,
wenn man dich schlachten will,
schrei schrill und flüchte.

Vormittagsruhe,
die Hausfrauen eingesperrt,
die Kinder in Kasernen
und Männer im Steinbruch
oder unter der Erde.
Zehn Uhr,
alle sind auf ihren Plätzen.
Ich gehe
durch die stille Stadt
und sehe den Tieren zu,
die friedlich in den Gärten äsen.
Mittags Siesta,
in Höhlen.
Bis alle zum Freigang
entlassen,
die Hausfrauen befreien.
Und Gemüse
ist zum Wintervorrat getürmt.

Frei lächelt
der Machthaber
seine Untergebenen an.
Gnade, wem Gnade gebührt.
Gebühren werden
anderweitig fällig.
Lächle
nicht zurück,
es könnte gebührenpflichtig sein.

Ein Kopfmensch,
ein Gutmensch,
Bauchmensch;
ein
Samen fällt
und prägt die Frucht.

Ein Fach,
wunderbar,
mit Schub,
so lade
ich die Welt
zum Leben ein.

Ich bin,
bestätigt ganz,
von allen Seiten
ein Mensch,
der wertfrei
abgestempelt ist.

Ein Launenmensch,
halb Kopf,
halb Gut, halb
ganz daneben,
mit Witz
zum Untergang.

Und schwarz
gesichtig,
die Lust
am Ende siegt,
es gäbe mich
nun nimmermehr.

Der Kopf, das Gut,
der Bauch,
ein Samen hält
noch lange
nicht, was er verspricht,
doch furchtbar ist's.

Häutungen

Du Fingerzeiger
hast dein ganzes Leben
die umgeknickten Finger,
drei an der Zahl,
gegen dich gerichtet gehabt.

Immer dachtest du,
diese ausgestreckten Finger,
wären die der andern.
Du müsstest dich verteidigen
dachtest du.

Immer größer wurde die Zahl
derer, die du bezeigtest.
Ja, es waren die andern.
Sie waren so wahr,
wie deine abgeknickten Finger.

Wer waren sie,
wer war ich, der auf sie zeigte?
Wo sind sie geblieben?
Sehnte ich mich nach ihnen?
Und wo bin ich geblieben?

Ich habe die Luft
angehalten.
Die Autos stoppen.
Die Zeit steht still.
Sie wartet
auf den nächsten
Atemzug.

Ich steh so fest
auf meinen Beinen,
dass ich mich angewachsen fühl.
Doch wenn die Lebensplatte
ein wenig nur
in eine Schräge kommt,
purzeln alle Ideale
auf der Platte rund.
Rein gar nichts
bleibt auf seinem Platze,
die Welt wird bunt.
Das Chaos breitet
seine Arme
in meinem Leben aus
und hält mich fest im Griff.
Die Segel aufgetakelt
und hoffen auf den Wind,
der eine Richtung hat,
die diese Fahrt
zum Guten lenkt.

Ich wär so gern woanders.
Wo, weiß ich noch nicht.
Ich wäre gern wer anders.
Wer, weiß ich noch nicht.
Ich dächte gern was anderes.
So weiß ich nur nicht was.
Ich würde mich gern retten,
nur weiß ich noch nicht wie.
So schwimm ich auf dem Leben,
voller Fragezeichensaft.
Dies als Gewürz ersetzt den Brei
vom alltäglichen Einerlei.

Verstrickt in Feinheit,
filigran die Sinne.
Gekonnt die Regeln,
ungebrochen,
zum höheren Genuss.
Den milden Charme
von edlem Wein gerochen.
Dazu der Gamben Klänge,
als ob ein Chor
der Engel sänge.
So zelebrieren wir,
voll Hochgenuss,
der Sinnesreize Lust.

Ich gehe und gehe,
ich warte und warte,
ich schmiede und schmiede
Ideen und Bilder.
Heiß, wenn ich handele
und kalt, wenn ich warte.
Schutzlos verharre ich
und laufe der Hitze
hinterher,
Leben vergeben.
Das Laufen macht,
dass ich das Ziel vergesse
und gehe und warte und schmiede.

Hinter mir
und vorder,
es gibt kein gestern
und vorn sehe ich nicht.
Jetzt, der Augenblick.
Jetzt, mein Leben in der Hand,
behutsam warm geblasen.
Nur keine Stürme.
Behaucht,
dass Wärme, Unbeweglichkeit
geschmeidig macht.
Dann dreh ich mich
und schaue.
Von rückwärts
drängt Vergangenheit
und geradeaus
das Morgen.

Ich fühl mich nackt
nicht allzu wohl.
Die starke Nähe
brennt.
Getarnt in meinem Kleide,
Sack und Asche,
beweg ich mich
unter meinesgleichen;
die Sühne, unsere Uniform.
Doch kleidlos
schützt nur mehr die Haut
die Seele vor Verwundung
und Kartenhäuser stürzen
beim ersten Atemzug,
wenn Finger auf mich zeigen
und Augen starren,
wie festgebrannt.
Schutzlos dringen Blicke
durch Haut und Fleisch –
nackt steh ich Mensch,
mit allen Schwächen,
vor ihnen da.
Das sind die Augenblicke,
wo auch ich
mich selber sehe
und wünschte mir
die Wüste,
damit Myriaden Körner Sand
mein Ich verdecken.
Die Augen zu
vor diesem Vogel,
der seinen Kopf
im Körnermeer vergrub.
Ich sehe dich nicht,
sprach er
und hielt die Augen
fest verschlossen.

Lieber allein auf einer Insel.
Gehobenen Hauptes
ziehst du in die Einsamkeit.
„Sire, gebt mir den Tod,
Gedankenfreiheit,
foltert mich".
Der kurze Schmerz
sei allemal
dem langen vorgezogen.
Aufrecht, heldenhaft,
die Meinungshoheit
seiner Insel,
ganz von ihm besessen.
Der Fürst der Köpfe
(ein Krieg der Knöpfe)
beschaut den Untertan
im Spiegel und weißt ihn an.
Kein Nicken
im Herrscherhaus.
Kein Widerspruch.
Befehle werden aufgeschoben,
da sie Kopfgeburten sind.
Der Herrscher
und sein Untertan,
der Spiegel,
ein königlicher Erster,
ein Inselfürst.
Und Flut und Ebbe
machen Zeiten.
Ja, schrei du nur,
erst mit
dem hohen Wasser
bekommst du Gehör.

Ich rüttle
und ich schüttle mich
und kann Euch
nicht vergessen.
Es quirlt
die Welt um mich
und alles was ich treffe
erinnert mich
an Euch.
Mein Hören
und mein Schmecken,
mein Fühlen,
alles das
erzeugt die Bilder,
Wiedersehen
in mir.
Manchmal meint ich
was neues zu entdecken.
So war es nur
das alte,
im Neuzuschnitt.
Des Kaisers neue Kleider,
derselbe Mensch,
der gleiche Krach
und alle Attribute.
Ach, blinzle doch
und märchenhaft
die Sicht verworren,
mit Fingern
in den Ohren,
entsteht die „heile Welt".

An meiner Dichterstatt,
da ruht ein Selbstgespräch
in seiner eignen Welt.
Um diesen Menschen
nicht zu wecken,
flüstert meine Muse nur.
So sind Verständnislücken
durch eigne Phantasie
zu überbrücken,
in der Hoffnung, sie
hätt es so gemeint.
Wortwörtlich
sagt sie nicht vor,
sie liefert die Ideen.
Wenn ich Geschichten
nicht verstehe,
wenn sie mich
nicht berührt,
erfahr ich ihre Wellen nie,
wie bitter.
Der Mensch, er redet
ab und zu,
ganz unverständlich,
da die Sätze,
die er vernimmt,
für mich bestimmt,
in Dichtersprache sind.

Der Kaffee
klatscht in meine Hände
und Club
und Café lädt mich ein.
Ach, suche dir die Nacht,
im Kälteschauer,
mit Regen –
wenn du zum Hunde
gehst, voll Mitleid,
ihn im Hause
pinkeln lässt.
Dann geh hinaus
und jammer du
nicht ob der Ruhe,
wenn schlotternd
Kälte unter
deine Kleidung dringt.
Dann jubiliere,
da die tiefe Stille,
die deine ist.
Nasskalt frierend,
durchziehen Wellen
wohliger Zufriedenheit,
in warmen Intervallen
den Körper.
Kein Hund
umwuselt deine Beine,
kein Mensch
nimmt deine Hand
zum Gruße –
Du bist am Ziel,
ganz du;
und alle die Gedanken
zentrieren sich
auf dich!
Mir ist so kalt,
so nass, so alt
und tiefe Ruhe
ist ein Schrei
als Zwischenspiel
vom Leben.
Beneidet Hund,
den ich aus Mitgefühl
nicht auf die Straße schick;
denn diese kalte Stille
macht Angst
vorm großen Schweigen.

In den Dünen   Pastellkreide

Ich gehe hier
durch alle Höhen
und Tiefen.
Herzhaft
ist sie mir zugetan,
lächelt,
dann fehlt es nicht
an klugen,
witzigen Worten.
Doch manches Mal
mit grimm'gen Blick,
so karg
lässt sie mich stehen –
gedankenfrei,
du Göttin der Ideen.
Dann blitz ich ab
und tief verschüttet,
begraben liegt der Samen.
Zu lange
wird die Zeit,
bis Pflanz und Blüte
sich in Gänze zeigen.
So leb ich
leer in meiner Hülle,
ein Krebs
im Schneckenhaus.

Leise leert das Stundenglas
die schönen Gedanken.
Sand bleibt Sand,
sowohl vor der Stunde
als auch danach.
Was heute schön,
kann morgen schon
Verdammnis sein.
Leise ist die Wandlung.

Am Ende der Welt

Am Ende der Welt
verbergen die Hände
meinen Kopf,
bedecken die Augen
vor schimmerndem Licht.
Die Ohren geschlossen,
dringen die Töne
von außen nicht ein.
Am Ende der Welt
herrscht Ruhe
in lichtloser Zeit.
Hinter mir ihr,
vor mir das Ende.
Froh bin ich der Abschnitte,
der Trennungen
zwischen den Zeilen,
auf das ich den Sinn erkenne.
Was war während
des Starts und dem Ende der Welt?
Hatte ich die Augen geöffnet,
hörte ich die Geräusche
um mich her?
Wie grell war das Licht,
die Schatten vom Leben?
War mein Trommelfell
so sehr gefoltert,
dass der fallende Regentropfen
mein Gehör bersten ließ,
wie eine Explosion?
Am Ende der Welt
lehnt man sich nicht
aus dem Fenster,
dort stellt man sich
auf keine Klippe
und sei sie turmhoch.
Höchstens zwingt sich
ein Lauschen auf,
welche Geräusche
hinter dem Ende wären
und Lichtschein
in fernster Ferne.

In eurem Garten steht ein Baum,
von dessen Frucht ich gerne äße.
Erkenntnis ward mir zuteil,
als ich es einst versuchte.
Mit Handschlag Wissen beigebracht
und hohe Zäune trennten mich hinfort
von der Erfüllung meiner Gelüste.
Ein Leben lang die Kluft erlebt,
von Wunsch und Wirklichkeit
und nie die Suche ganz vergessen,
als Antriebskraft zum nächsten Schritt.
Fuß vor Fuß, im Kopf,
mit Bildern der verbotenen Frucht,
mit Sehnsucht nach dem Glück.
Nach Nähe, nach Geborgenheit
in meines Nachbars Garten,
wo Äpfel rot und runder
und Birnen von Helene sind.
So wünsch ich mir die Flügel,
beschwingt der Flug zu anderen Orten,
weit weg vom Grünland fremder Leute.
Auf Inseln der Glückseligkeit
so frei, so leer und voll davon,
dass Früchte der Erkenntnis
Fremde sind
und jeder Wunsch nur so groß ist,
als er in Flaschen passt.
Zu guter Letzt genügt ein Schrei,
sehr laut und hoffnungslos:
„Ich bin so frei!"

Gedanken stehen nicht,
sie ruhen manchmal aus.
Dann stütz ich mein Gesicht
in beide Hände,
wie flehentlich
und schreie innen.
Damit die Ruhe
in Bewegung kommt.
Erschrocken die Gedanken,
nur Enden ahn ich noch –
verkrochen.
Liebevoll mein Locken.
Ideenkörper eingerollt.
Das hat ich nie gewollt,
wenn ich in dunklen Nächten bat,
mich endlich loszulassen.
Zuerst, okay,
verschwanden sie sporadisch.
„Wenn du nicht willst,
dass wir dein Leben würzen.
Wenn du bequem aus fremden Quellen,
die einfach sind,
deine Inspiration erfindest,
dann wollen wir auch keine Last
mehr sein."
So stahlen sie sich fort
und ich bereue
jedes Stück Bequemlichkeit.
In beiden Händen
das Gesicht,
die Augen stieren –
die Welt nimmt an,
ich dächte.

Wie zart gehegt
der Herzenswunsch.
Wie tief verschwiegen,
dass gerade ich ihn weiß.
Gepflegt,
gehudert und gediehen
ein kleines Ding –
Gedanke.
Ganz plötzlich,
einem Funken gleich,
doch bleibend
dann als Flamme,
ich will.
Das Bild behalten,
ein Aufblüh'n sehn.
Als Gegenstand
aus der Idee entsprang
und Wirklichkeit
die Schlösser brach,
die freien Geist
in Ketten legten.

Von draußen weht die Luft
die Worte, sonst verschwiegen
oder ungehört zum offenen Fenster rein.
So hör ich's fluchen, schreien,
betteln, greinen oder liebkosen.
Welch unbekannte Welt,
verlorener, nicht gesagter Worte.
Die Luft steht manchmal still,
nur Wispern hör ich noch.
Ich sehe nicht, ich fühle
Bestätigung auf meiner Haut,
kühl, warm, veränderlich,
die Drücke ändern sich.
Wie weich, das sanfte Säuseln
von Schwüren und Versprechen.
Doch hart der Streit,
schneidende Worte, schrill,
verbittert, schwere Wellen schlagend.
Empfinden graut mit Gänsehaut.
Es drückt, es schiebt,
bleibt missverstanden,
Luft schneidet tiefe Wunden.
Auch alte Narben drängen
in Lautgemälden sich
durchs Fenster zu mir herein.
Schmerzen, Liebe, Schmerzen.
Ich mach die Türen zu,
schließ auch die Läden.
Lautlos fühl ich mein Herz
und hör das Schweigen.

Ich klopfe mir die Jacke ab
vom Staub der Welt um mich.
Doch Reinlichkeit hilft mir hier nicht,
die Allergie hat Namen.
Menschen, Sorgen, Situationen,
alles was mich schütteln lässt,
alle die meinen Kopf bewohnen.
Feuchte Augen, Jucken, Niesen
gibt meinem Leben dann den Rest.
Wie komm ich raus aus diesen Krisen?

Die Schuppen auf dem Kragen sind von mir
und das ist noch nicht alles –
die Jacke ist zu groß,
sie passte einstens einem Riesen.
So bin ich bloß – geschrumpft.

Die Wolke,
grünlich-grau,
ihre Farbe
schattiert die Objekte,
gibt ihrer Tiefe
ein sichtbares Maß.

Bedrohlich türmt sie,
ballt langsam die Kräfte
bis dunkel und gräulich
die Sonne bedeckt,
der Vorhang zerrissen,
den Tempel zerstört
und Blitz auf Blitz
aus ihrem Ende
den Weg zur Erde findet.

Geblendet, betäubt
von Donner und Licht,
krümmt sich die Seele.
Die Hände legen schützend
sich auf Augen und Ohr.
Klein, du Mensch,
ob lang gewachsen
oder klein geboren,
siehst du dem Schauspiel
hilflos zu.

Es öffnet sich
ein Scheunentor,
am Himmel brodelnd
tritt es hervor.
Flüsse strömen
aus den Wolken
und Ströme Wassers
fließen mir zu.

So eine Macht,
so eine Größe!
Langsam, ganz langsam
verliert sich das Grauen,
die Sonne bricht
wieder durch das Gewölk.

Fortsetzung nächste Seite

Welcher Beschützer
hatte den Mut,
mein Hab und Gut
vor diesen Gewalten
unversehrt zu erhalten.

Als dann,
das Tagesgestirn wieder
meine kleine Welt beschien,
kniete mein Innen.
Hell lachten die Kinder
und schlugen die Hände.
Tanzten den Regentanz,
schüttelten die Nässe,
die Ängste zu Haufen,
trampelnd, bis sie platt,
wie eine Erde sind.

Wenn das Plätschern
des Wassers zu hören ist,
kehrt mein Friede zurück.
Beruhigt lehne ich mich
an mein Ich an.
Ja, langfristig,
aber in diesem Leben
verschwindet die Welt
nicht ohne dich.

Wie heller Glockenklang
klingt mir der Feierabend.
Lauschend neige ich den Kopf
und hoffe
auf des Tages Ende.
Leider nimmt der Lebenssaft
dieselbe Richtung,
die mich schafft.
Oh, Ruhe, ruh dich aus,
in kühler Gruft
ist dein zu Hause.
In späterer Zeit, so fern.
Du heller Glockenklang
bleib mir Idee
von einer Welt,
wo Ruhe mich umfängt
und ich bereit bin,
dir freudig zu begegnen.

Ich vergesse mein Leben nicht.
Ich kenne nicht meine Straße.
Ich lese die Zettel
auf dem Spiegel –
Tagesablauf.
Ich war Kind, weiß ich,
gespielt habe ich,
abenteuerlich.
Warum wollen sie
immer wieder wissen,
wo ich wohne, meinen Namen?
Ich weiß, ich lebe!

Reisende soll man nicht halten,
Weilende nicht zum Gehen ermuntern.
Sprechende zum Schweigen,
Schweigende zum Sprechen
zu bringen
bricht die Gedanken,
macht sprachlos,
stumpft die Sinne.
Was wäre,
ich bliebe hier, ginge,
schwiege und spräche
mich in den Schlaf.
Wachend zög sich die Nacht,
Bildgedanken
drehten meinen Körper
von rechts, mit Zwischenstation
Rücken, nach links.
Ich schrie und schlug
mit der Hand auf den Mund,
die Nachbarn nicht zu wecken.

Versuch, Versuch
statt Übermut,
gequirlt.
Denn die Erfahrung
führt mich irre.
Verwirrt, verirrt,
entscheidungsunerfahren
fäll ich den Wald.
Die wunderbaren Bäume
schreien nicht.
Doch ahnen sie
die Fehler.
Ein Baum zum Heizen,
ein Baum geschnitzt,
ein Bäumchen für die Krippe,
eines für die Eisenbahn.
Verbrannt,
geschnitzt –
der Wald ist weg,
für einen Baum.
Versuch
ist Anfang nur.

Glaubst du dir?
Glaubst du den Gefühlen?
Den netten, warmen?
Den hasserfüllten, kalten,
die weltvernichtend sind?
Du zauderst?
Die Antwort fällt dir schwer.
Du glaubst nicht den Gedanken,
siehst ihre Schranken,
weil du niemals alles weißt.
Du traust nicht
den Gefühlen,
nicht deinen,
geschweige denen
von den Anderen.
Du schwimmst
von Ufer zu Ufer
und nie betrittst du
trockenes Land.
Doch sehnst du dich
nach festem Stand,
damit das Wanken,
Schwanken, Auf und Ab
ein Ende hat.

Zähle sie,
zähle sie auf,
die für dich stimmen
oder Tränen flössen,
wenn du nicht wärst.

Die Stimme ist belegt,
sonst könnt ich tausend dir nennen!

Ebbe und Flut   Pastellkreide

Der Schatz,
am Anfang unbestimmt
und nicht erkennbar
gut versteckt.

Im Leben
nie geborgen, nie entdeckt,
doch immerfort gejagt,
lief stets voraus.

Im Nachhinein
bleibt nur der Traum,
was wäre wenn
ich ihn gefunden hätte.

Geglänzt,
verrucht, verräuchert,
das Gold in meiner Hand
und trotzdem nicht bekannt.

Der Klumpen
Mineral und Edelstein
ist nicht das Glück,
mein Lebensziel.

Die Jagd
ist stets vergebens,
suchst du den Schatz von morgen,
so hast du ihn schon heute nicht erkannt.

Der Blitz im Kopf,
ein Lichtlein,
streichholzgroß,
beleuchtet die Höhlen
für Sekundenbruchteile.
Ich suche Erkennen,
Geologe müsste man sein,
Stein und Nichts.
Jahrtausende geschöpft.
Erschöpft blase ich das Licht
aus.

Jahrzehnte lang gelernt,
mit Fehlern.
So weiß ich heute eher,
wer mir zugetan.
Das ändert meine Sicht.
Die mir so wohlgesonnen
sind mir heute lieber,
als früher die,
die weit entfernt
nur Wünsche waren.
So unerreichbar fern,
besinnt der Hunger sich
auf nahes Stillen
und Geist und Körper
ziehen jetzt sicherer
die richtigen Fäden.

Hoch oben
im Verstecke
sitzt Adlers Sohn
im Horst.

Weil seine Zukunft
Fliegen heißt,
wünscht er sich jetzt
die Erde unter seine Füße.

Sechzig Jahre gelebt.
Vierzig gedacht.
Dreißig Jahre gehofft.
Zwanzig voller Illusionen.
Zehn Jahre gekämpft.
Kein Jahr war verloren.

Kein Wabern, kein Nebel
umgibt mich hier.
Auf kahler Bergesspitze
grüßt klares Licht.
Und kein Geheimnis
bleibt verborgen.
Obwohl ich mich verstecken wollte,
verrät die Helle
meine Sorgen.
So stieg im Dunkeln ich
auf diesen Berg,
verschwiegen.
Kein Laut war da.

Doch Dinge klingen
nicht nur,
sie scheinen beseelt.
So weiß ich's,
wogegen ich mich biege.
Gegen aufgeblähte Segel,
doch volle Fahrt wohin?
Keine Regel,
keine Kraft um mich herum
gibt Helle oder Dunkel Sinn.
Ob Berg, ob Tal
in mir verborgen,
ob außen vor,
ich bin hier oben
oder unten.

Die Ausschau in mich hinein,
nur scheinbar äußerlich Pendant,
zeigt aberwitzig
keine Berge, keine Höhen,
zeigt keine Kraft
fürs aufwärts gehen.
Versiegelt ist das Innen,
selbst für den, der es besitzt.
Der Schatz verschlossen,
der Schlüssel ist verlegt.

Fortsetzung nächste Seite

Aus den Tresoren Rufe,
beredte Welt, geheimnisvoll.
Ich schreie nichts
hinaus,
obwohl der Druck der Türen,
die Wände auf mich wälzt.
Verborgene Kräfte
gestalten Innenwelten.
Hitze, Jahrzehnte Zwang
formen den schwarzen Diamanten,
dem es ein Leben lang
nach allen Farben gelüstet.
Metamorphose des Seins,
all die Gedanken
weiter geführt
bis Klarheit kein Denken
mehr trübt.

Reinstraum,
saubere Sicht,
gutes Gewissen –
ich öffne Welten,
doch du fühlst dich
bescheiden dargestellt,
schlecht.
Bekennen, besehen,
besprochen, belacht,
so such ich den Schlüssel
zu mir.
Und steter Nebel
beleuchtet den Standort
diffus.

Im tiefen Keller
meines Herzens
lagern wohl
die besten Weine
und manche,
die verborgen sind.

Lasst Gnade walten
vor der Gerechtigkeit.
Helft den Strauchelnden
auf den Weg.
Hakt sie unter,
stützt die Gebrechlichkeit,
fragt nach der Richtung
und leitet sie heim.

Doch hütet euch,
die Heimat fremd zu bestimmen,
das Ziel zu beweisen
und mit Gewalt
den Pfad der Gerechten
in Stein zu hauen.
Habt Mitleid,
unterstützt die Zweifler,
ihren Weg
in das Morgen zu finden.

Einen trifft's immer.
Heute, gestern und davor
war ich's.
Ich bin der Eine.

Die festesten Gefängnisse
sind die Gedanken,
beschränkt
durch gefangene Phantasie.

Ich könnte alles denken,
doch darf ich's nicht,
schlägt Mutter mir die Finger
und ich vertraue ihr.

Erspür ich dann die Grenzen,
nichts sehe ich jenseits mehr.
Keine Befreiung gibt es hier,
die Beschränkung ist tief in mir.

Verdammt,
wer leert mich
montags, dienstags,
wöchentlich.
Aufgestaut,
zu Haufen gelegt:
ich, ich, ich.
Monatlich.
Ausgewählt,
wer weiß, wer weiß,
ob immer
das Richtige
zu entsorgen war.
Ich träume,
ich vergesse.
Leben leert sich
zur Neige.
Ich will, ich will nicht.
Lege ich Gewichte auf,
unwichtig, selbst betrogen,
wiegen sie
die Illusionen.
Luftig leicht
und körperlos.
Luft, Hülle, Illusion.
Montags bis Sonntags.
Schweben.

Hinter mir erklärt ein Kind die Welt.
Aufmerksam lauschen die Alten,
als wüssten sie nichts davon.
Das Lachen der Welt klingt in dem Kind,
es schien, als läutete es.
Glockenhell, ohne Sprung und klar
der Ton der Stimme, der Gedankengang.
Begeistert fallen wir ein,
lassen uns gleiten in ein Geflecht
von Märchen und Wahrheiten.
Staunend bewundern wir
die Einfachheit, der uns umgebenen Welt.
Das Kind baut Stein um Stein,
mit Übersicht die neue Erde auf.
Jetzt zieht es mich in seinen Bann
und sprich mich direkt an.
Verblüfft bleib ich die Antwort schuldig.
Ich höre lieber seine Ideen
und den Geschichten zu,
denn meine Reden kenn ich
und Antwort weiß ich auch dazu.
Der leichte Sinn des Kindes,
so tief und schwebend doch,
beflügelt meinen Geist
und krempelt die Gedanken um.

Über Hecken spring ich

In Zeiten,
wenn ich mein Liebstes betrauere,
verlorenes beweine,
die Tränen meine Sicht verwässern,
gräbt Schweigen mir ein Grab.

Die Zeiten,
schuld in jedem Leben,
beklagend alle Seufzer,
sie lösen meinen Schmerz nicht auf
in Wohlgefallen.

Meine Zeit,
voller Kraft, voll Lebenswillen
gelebt mit allen Fasern
meines Körpers,
ganz bewusst der Geist.

Nun zieht die Zeit
der Trauer mich
zum Ende tief nach innen;
Rückschau, Rückwärtsgang
zu meinem Ausgangspunkt.

Verlust ist kein Berater,
entschieden muss es sein.
Ein Schnitt, ein Schritt,
verloren ist nur,
was ich nicht retten kann.

Im alten Haus am Wasser
pfeift der Wind
alle Geschichten durch die Ritzen.
Leere Bänke, Tische, Schränke,
kein Wort mehr
aus vergangener Zeit.
Der Hauch von eben
verflog, eh er gesprochen.
Nichts hält sich hier.
Hier gibt es keine Zeit.
Sanft ziehen seichte Wellen
den Blick in Bann.
Träumend steht das Haus
und gaukelt feste Burg,
doch nichts hält stand.

Mein Schulterschlag,
ein Ritterschlag,
ich gab ihn niemals weiter,
denn diesen Schlag
gab niemand mir.
Ich focht den Kampf
mein Leben lang allein,
so sind die Niederlagen
und die Siege mein.
Doch all die Schläge
verwundeten und stärkten mich,
am Ende stand mein Ich
gestählt durch Berg und Tal.
Nun nehm ich
meine Hand in Hand,
führe sie zur Schulter
und klopfe mir den Ehrentakt.
Das Ganze ohne Zeugen.

Sandstrand   Pastellkreide

(Du sollst den Abend nicht vor dem Morgen loben…)

Der Abend
sagt zum Morgen,
ich trau dir nicht.
So lobst du mich,
über jeden Klee hinaus
und weißt nicht mal,
wie's dir ergangen ist,
wenn meine Zeit
gereift.
Du bist vorbei,
erwartend
einer Wiederkehr
als anderer,
als neuer Morgen.
Dazwischen
wird meine Welt
erbleichen
und Wiederkunft
ist fern, so fern.

Die Augen zu,
es huscht der Tag
vorbei.
Und aufgeschlagen
ist es Nacht
mit Sternen
auf den Lidern.
Still starrt der Blick
zum Horizont
der Ecken.
Bewegt Gestirn
vom Abend hin
zum Morgen,
es dreht sich mir
der Lichterhimmel.
So leb denn
ich.

Über die Wiesen
werf ich ein Tuch.
Bedecke die Schönheit,
verdränge das Wissen.

Über die Wege
verschließ ich die Augen.
Will nicht sehen,
verdränge das Wissen.

Über den Wolken
könnte ich schweben.
Will nicht zwischen Himmel und Erde
mein Wissen verdrängen.

Archipel Ich

In einer Welt,
in der ich stumm,
taub und dumm,
als blinder Mensch
mein Leben friste,
durch Gnade
meiner Arbeitskraft
und Anerkennung,
befriedigt
über goldene Laken,
gewärmt vom Alpenglüh'n
und Volksmusik bin. –
Wie gnädig dann
der Abgang;
lass es gehen.

Verhüllte Welt,
kein Schall,
kein Wellenstrahl von Licht,
kein Teilchen
dringt zu mir.
Mein Verstummen,
die Taubheit, Dummheit
und der blinde Fleck,
versperren meinen Sinnen
den Kontakt
zur Außenwelt.

Mit Hieroglyphen
schreib ich geheime Briefe.
Mit Chiffren such ich
die Verwandten
in dem Wirken um mich her.
Vergebens streck ich
meine Hände tastend vor.
Nichts ist,
was ich dabei empfände.

Es gibt sie nicht
die äußre Welt,
die Irdischen.
Hoffnungsvoll begonnen,

Fortsetzung nächste Seite

ausgesponnen, zerronnen
zwischen den Fingern.
Sinnlich, nicht sinnenlos.
Wo seid ihr?

Kontaktbörse: Leben.
Wen suchst du?
Dich oder die anderen,
einen Teil, ein Ganzes
oder alles und nichts?
Besprich deine Stummheit,
höre der Taubheit zu,
blinzle zu sehen
und überspringe Täler
der Ideenlosigkeit.
Und siehe:
die Erde dreht sich,
wie zuvor.
Ich sehe nichts,
was anders wär,
höre viel zu schlecht,
rede, ach, nur so daher.
Auch die Gedanken
bilden keine Flügel aus.

Die Welt um mich,
ein Vorhang ganz aus Seide,
durchscheinend,
trennt das Empfinden.
Sie spart mich aus.
Ich sperr sie aus.
Meine Welt
ist eine Insel
und kein Schmetterling.

Es lächelt mir
die Schöne.
Zu spät gewahr
ward ich der Holden.
Ihr Zahnschmelz
hat ein Funkeln,
wie Sterne,
kurz vor Tag.
Geschmeichelt
gaben meine Lippen
die Biberzähne frei.
Mein allerschönstes Grinsen
vertrieb den Tag
und die Gestirne.
Die Nachtgespinnste,
die Mahre, das Grauen,
der Albtraum
Wirklichkeit geworden
stand schwarz
in ihrem Blick;
ach, Schöne.

So möchte ich wohl
als neuer Mensch erscheinen.
So reit ich also
neue Pferde ein.
Und reit und reit
nach alten Riten
und deklarier sie neu.
Weil Zeit vergeht,
ist gestern ungleich heute,
doch wenn ich schrei,
durchdringt's die Tagesgrenze.
Auf lahmen Pferden
ist schlecht Zeit geritten.
Erkennbar wird
der schlechte Stil.
Neu sind nicht
die alten Pferde,
neu ist die Begrifflichkeit.
Ich sage „Neu"
und wünsche mir die Zeit
zu diesem Augenblick.
Doch ist es nicht die Zeit,
die wandelt sich,
so sind es die Gedanken
über mich.
Ich bin kein anderer Mensch
in diesem Leben.

Sind sie nun gleich,
sind sie verschieden,
egal,
ist's nicht.
Denn gleich ist gleich,
kein Unterschied,
doch anders
sind sie verschieden.
Ein ander Ding,
ein ander Wesen,
ein anderer Stoff,
ein anderes Leben.
Verwandt ist schon
die größte Nähe,
bei aller Andersheit.

Mit Spaß am Spiel,
an filigranen Fragen,
beginnt der Tag.
Im Morgengrauen
legt sich mein müder Körper
dann, zum Schlafen nieder.
Und keine dieser
feingesponnenen Fragen
fand Antwort ebenda.
So hoff ich auf den Schlaf,
mir kurz in Bildern
aufzuzeigen,
wonach ich gestern sucht.
Gedreht, geschwitzt, gestöhnt,
der Traum –
das Spinnennetz, klebrig,
gefährlich nah am Tod,
befreit mich nicht,
im Gegenteil,
so rettet er mich auch nicht.
Angstvoll öffne ich die Lider
und heller Sonnenschein
erfüllt die Käseglocke
meines Lebens;
es könnte gestern sein.

Inhalt

Bilderverzeichnis

Bisher vom Autor erschienen:

Gedanken & Gedichte
Selbstgespräche für Andere
    Lyrik und Gedichte
    mit Zeichnungen von Gunther Fritz
    Selbstverlag April 1999
    63 Seiten

Liebe, lebe und Alter CD
Rainer Beinlich liest eigene Gedichte
    Lesung mit Musik
    Musik u. Klangteppiche „Pattex" BS
    2002

Wenn der Hahn dreimal kräht
Eine Suche nach Wahrheit
    Lyrik
    mit Plakaten des Autors
    erschienen bei
    Books on Demand GmbH,
Norderstedt, Sept. 2004
    220 Seiten
    ISBN 3-8334-1510-X

Wenn der Hahn dreimal kräht CD
Eine Suche nach Wahrheit
    Autorenlesung mit Musik
    Musik-Collagen „Pattex" BS

Texturen
Hintergründe, Untergründe, Oberflächen
    Lyrik
    mit Bildern und Illustrationen
    von Hannelore Terkowsky
    erschienen bei
    Books on Demand GmbH,
Norderstedt, Juni 2006
    104 Seiten
    ISBN 3-8334-3761-8

LAND UNTER
Lyrik von Rainer Beinlich
    mit Bildern und Illustrationen
    von Hannelore Terkowsky
    erschienen bei
    Books on Demand GmbH,
Norderstedt, März 2009
    144 Seiten
    ISBN 978-3-8370-4845-2